Manual de instalación de Seismic Unix.

Dorian Oria San Martín

ISBN-13: 978-1533338297

ISBN-10: 1533338299

Indice.

1. Introducción.

En el mercado existe una variada oferta de programas de procesamiento sísmico: Echos® (Paradigm), OpenCPS® (OpenGeophysical), SeisSpace® ProMAX®, Vista® y Omega® (Schlumberger), por mencionar a algunos. Todos ellos están disponibles comercialmente y por lo general son empresas las que pagan por licencias de esos programas. Es posible que no haya particulares con un programa de estos instalado en su computador personal, a menos que lo utilice como parte de una prestación de un servicio, pero no con fines pedagógicos. Así las cosas, ¿cómo entonces hace alguien para aprender a procesar datos sísmicos? Hay varias posibilidades:

1. En la universidad: muchas tienen licencias que le son otorgadas por empresas desarrolladoras de software o por patrocinantes, tales como operadoras petroleras o empresas de servicios.

2. Durante una pasantía laboral, utilizando el software de esa empresa.

3. Una vez empleado en una empresa, sobre la marcha, aprendiendo de otros. Muchos han aprendido de esta forma. De hecho, en esta categoría entran un sinfín de profesionales, muchos de los cuales ni siquiera tienen una carrera afín a las geociencias. He conocido hasta abogados de profesión que procesan datos sísmicos.

Sin embargo, en todos estos escenarios, se aprende utilizando un software que "otro" ha comprado. ¿Cómo hacer en los casos en que se desee, por ejemplo, seguir aprendiendo en casa? ¿O cómo hacen aquellos que se enfrentan por primera vez al desafío de querer aprender a procesar datos sísmicos y no tienen una herramienta para aplicar lo que, quizás teóricamente, ya saben? Afortunadamente, existe **Seismic Unix** (de ahora en adelante abreviado SU). SU es un conjunto de aplicaciones *open source* para procesamiento de datos sísmicos, soportado por el *Center for Wave Phenomena* (CWP) y *Colorado School of Mines* (CSM).

En http://en.wikipedia.org/wiki/Seismic_Unix se puede leer un poco de la historia detrás del desarrollo de SU.

2. Instalación de Seismic Unix.

Como Seismic Unix es un software *open source* y nos encanta la libertad, entendemos que quizás en casa tengamos computadores con los más diversos sistemas operativos: Windows, OS X (Mac), Linux, etc. Es por ello que en este capítulo ofrecemos instrucciones sobre cómo instalar SU en las plataformas más populares.

SU es un software que es necesario compilar para cada plataforma que se vaya a usar. No cuenta aún con instalador, de los del tipo Next› Next › … Aceptar. Adicionalmente, fue diseñado para ambientes como Unix, por lo que, de las instalaciones que vamos a explicar aquí, la natural será en Linux y de hecho la más fácil.

2.1 Windows.

SU no se puede instalar directamente en Windows. Antes es necesario instalar **Cygwin**, que es una colección de herramientas diseñada para proporcionar un ambiente similar a Unix (o Linux) en Windows (http://es.wikipedia.org/wiki/Cygwin).

Otra forma de trabajar en Windows, es instalando una Máquina Virtual (VM) y dentro de ella instalar Linux. A continuación, describiremos ambas opciones.

2.1.1 Instalación de Cygwin en Windows.

Ir al sitio http://www.cygwin.com/ y descargar la versión para 32 bits (sin importar si su sistema operativo es 64 bits). Para 32 bits, la versión es la resaltada como **setup-x86.exe**. El archivo descargado es el instalador. Al ejecutarlo, se muestra una ventana como la que se muestra en la figura 2.1.

Figura 2.1. Mensaje de bienvenida del instalador de Cygwin.

Al presionar siguiente, aparece la ventana que se muestra en la figura 2.2.

Figura 2.2. Ventana para escoger el tipo de instalación.

La opción por default es la que aparece seleccionada en la figura 2.2. Dejemos esta opción y continuemos. Al hacerlo aparece la ventana que se muestra en la figura 2.3.

Manual de instalación de Seismic Unix.

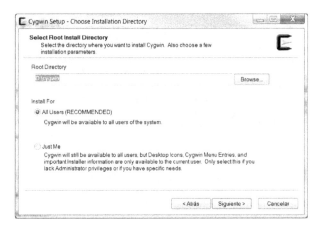

Figura 2.3. Ventana para escoger el directorio donde se instalará Cygwin.

Aquí se selecciona la dirección (ruta o path) donde se desea instalar Cygwin.

Una vez completado el paso anterior, continuamos y ahora aparece la ventana que se muestra en la figura 2.4.

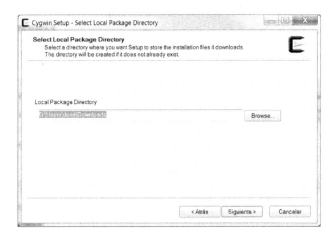

Figura 2.4. Ventana para escoger el directorio donde se descargarán los instaladores de Cygwin.

En esta ventana es necesario indicar donde se van a colocar los instaladores del conjunto de herramientas que conforman Cygwin.

Al continuar, aparece la ventana que se muestra en la figura 2.5.

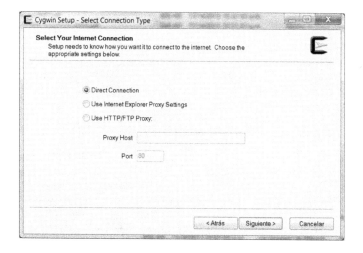

Figura 2.5. Ventana para escoger el tipo de conexión a usar para la descarga.

La opción por default es "Direct Connection". Dejemos esa, a menos que su computador se encuentre detrás de un servidor proxy, por lo que deberá seleccionar la tercera opción.

Al continuar, aparecerá la ventana que se muestra en la figura 2.6, donde se nos invita a seleccionar el servidor desde donde podremos descargar los instaladores. Puede seleccionar el que desee.

Una vez seleccionado el servidor, aparece la ventana que se muestra en la figura 2.7.

Manual de instalación de Seismic Unix.

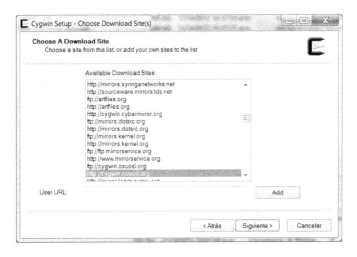

Figura 2.6. Ventana para escoger el tipo de conexión a usar para la descarga.

Figura 2.7. Ventana para escoger las herramientas a instalar.

Manual de instalación de Seismic Unix.

Una vez en la ventana que se muestra en la figura 2.7, se seleccionarán las herramientas a instalar, necesarias para la posterior instalación de SU.

En la figura 2.8 se muestra cómo debe lucir la ventana, después de seleccionados los paquetes necesarios. Para cambiar de la opción *default* a *install*, se hace click con el ratón sobre el nombre del conjunto de aplicaciones. Los paquetes a instalar están resaltados con rectángulos rojos.

Adicionalmente, es necesario instalar algunos programas de un conjunto de herramientas que no es necesario instalar completamente. En este caso, es necesario instalar el programa *ncurses*, al cual se accede desde el conjunto de herramientas *Base*. Con esta aplicación, nuestras ventanas tendrán un comportamiento similar a las ventanas de Linux (se podrán ejecutar instrucciones como clear, por ejemplo). Para que se despliegue el conjunto de opciones que se muestra en la figura 2.9, se hace click en el signo (+) que aparece al lado de la palabra *Base*. En la figura *ncurses* se destaca encerrado en un rectángulo rojo. Cuando se hace el despliegue por primera vez del árbol, esta aplicación aparece como *Skip*, lo que quiere decir que en principio no se instalará. Para cambiar ese estado e instalar la aplicación, se hace click sobre la palabra *Skip*, hasta que cambien a unos números que representan la versión de la aplicación. Ya está lista para ser instalada.

Es recomendable también instalar un editor de texto, ya que será de utilidad en la instalación de SU para hacer cambios en algunos archivos de instalación.

Para ello, nos vamos al árbol que dice *Editors* y repetimos el despliegue como en el caso de *Base*. Para nuestra instalación utilizamos el editor *nedit*, que se muestra resaltado en un rectángulo de color verde en la figura 2.10.

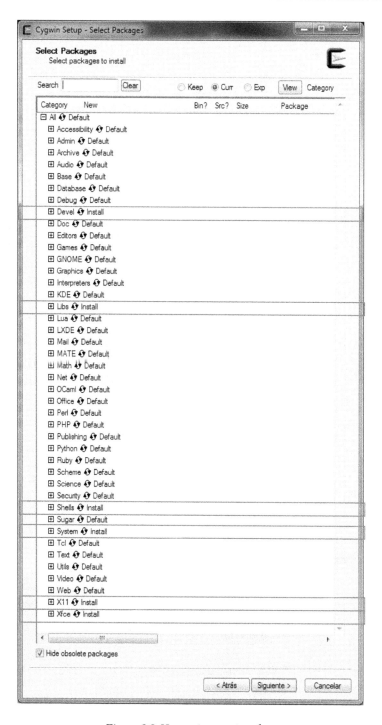

Figura 2.8. Herramientas a instalar.

Manual de instalación de Seismic Unix.

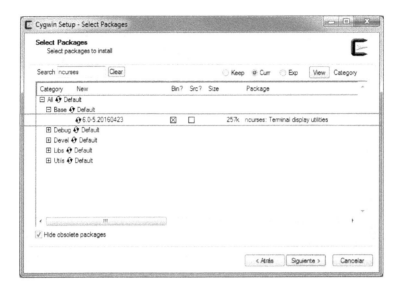

Figura 2.9. Selección para la instalación de *ncurses*.

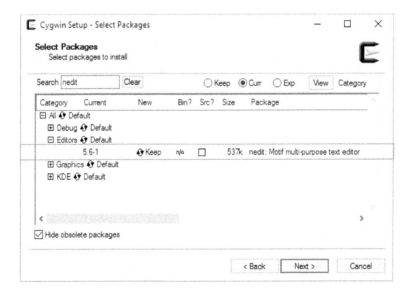

Figura 2.10. Selección del editor de texto a instalar.

También es necesario instalar la aplicación *wget*, la cual se consigue al desplegar el árbol Web, tal como se muestra en la figura 2.11.

Ya se tiene todo listo para la instalación. Sólo presionar siguiente y listo.

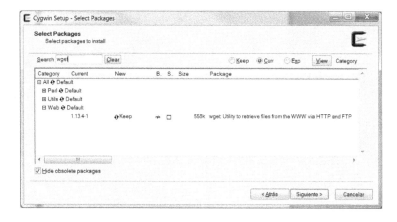

Figura 2.11. Selección para la instalación de wget.

Una vez culminada la instalación de Cygwin, procedemos a su ejecución. Una vez ejecutado el Cygwin Terminal, aparece una ventana como la que se muestra en figura 2.12.

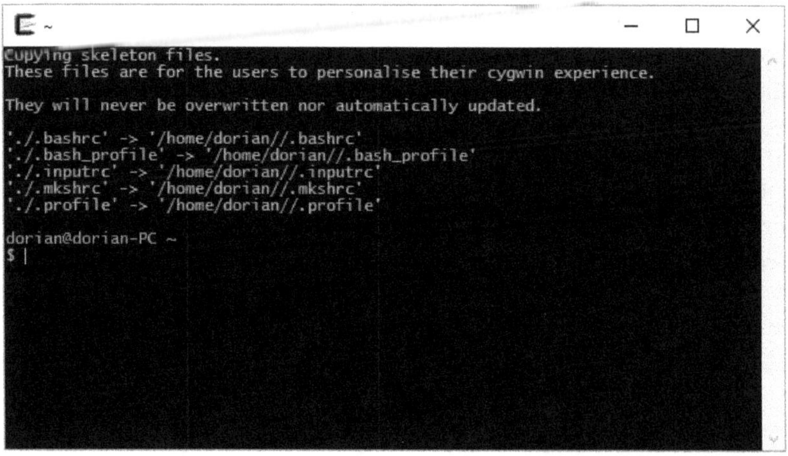

Figura 2.12. Terminal Cygwin.

Desde la línea de comandos, escribimos la instrucción:

startx

Al hacerlo, aparecerá la ventana que se muestra en la figura 2.13, la cual luce como una sesión de Linux.

Manual de instalación de Seismic Unix.

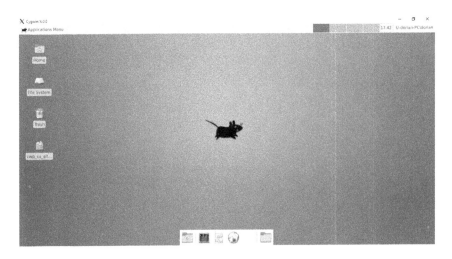

Figura 2.13. Resultado de la ejecución de startx. Sesión de Cygwin/X como si se tratase de una sesión en Linux.

Las instrucciones que se mostrarán a continuación están basadas en las indicadas en http://www.seismicunix.com/w/Installation. Sin embargo, la instalación en cada sistema operativo tiene sus inconvenientes. Si se hace la instalación tal como se explicará más adelante, se tendrá éxito. Son instalaciones probadas como satisfactorias.

Para abrir una ventana terminal (terminal window), presionar botón derecho del ratón. Esto hará que aparezca un menú como se muestra en la figura 2.14. Allí seleccionar la opción "Open Terminal Here". Al hacerlo aparecerá una ventana como se muestra en la figura 2.15.

Ya está listo para proceder a la instalación de Seismic Unix.

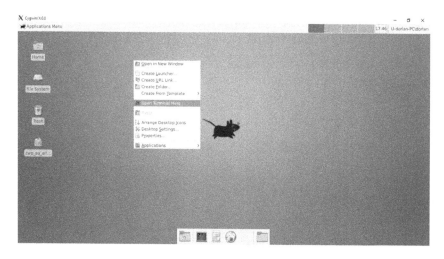

Figura 2.14. Abriendo una ventana terminal.

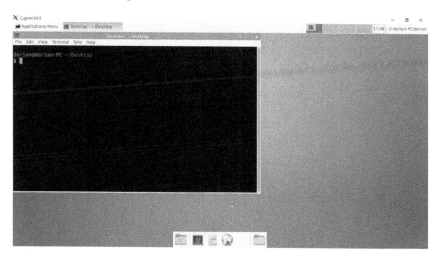

Figura 2.15. Ventana terminal.

2.1.2 Instalación de SU bajo Cygwin.

Desde una ventana terminal como la que se muestra en la figura 2.15 se hará la instalación de SU. Los pasos se describen a continuación.

Para este ejercicio, yo hice la descarga del archivo de instalación en la carpeta Downloads que está dentro de la ruta $HOME.

Manual de instalación de Seismic Unix.

Por defecto, cuando se abre una ventana terminal por primera vez, el espacio de trabajo se ubica en el directorio $HOME. Para estar seguros, puede escribir la instrucción *pwd* y debería regresar algo así como lo que se muestra en la figura 2.16.

Figura 2.16. $HOME del usuario.

En este espacio, cámbiese a la carpeta Downloads. Desde allí, escribir la siguiente instrucción:

wget ftp://ftp.cwp.mines.edu/pub/cwpcodes/cwp_su_all_44R1.tgz

Con esta instrucción se descargará la versión de SU que fue liberada en mayo de 2016. Sin embargo, aplica para cualquiera de las versiones de Seismic Unix. En particular, se probó hasta la de noviembre de 2012.

Al ejecutar la instrucción anterior, la ventana lucirá como se muestra en la figura 2.17.

Una vez que ha culminado la descarga, crear una carpeta llamada su44R1 debajo de /usr/local/. Para hacer esto desde la posición actual, escribir:

mkdir /usr/local/su44R1

Desde la ventana en la que se descargó el instalador de SU, escribir:

tar -xvf cwp_su_all_44R1.tgz -C /usr/local/su44R1

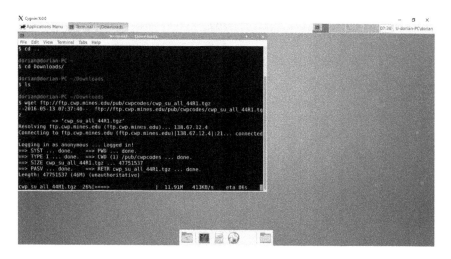

Figura 2.17. Descarga de SU.

Editar el archivo .bashrc que se encuentra en el home del usuario (cada vez que quiera ir al home del usuario, desde donde esté escriba: cd $HOME). Para ello puede usar el editor *nedit* así:

nedit .bashrc &

Una vez hecho esto aparecerá una ventana como la que se muestra en la figura 2.18.

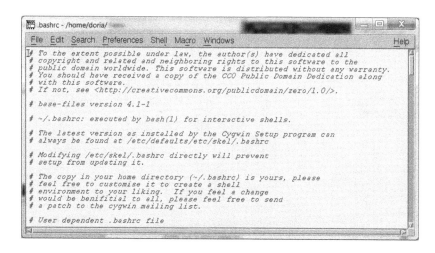

Figura 2.18. Edición archivo .bashrc.

Manual de instalación de Seismic Unix.

Diríjase hasta el final del archivo y escriba las siguientes instrucciones:

export CWPROOT=/usr/local/su44R1
export PATH=$PATH:$CWPROOT/bin

Ya con esto, cada vez que se abra una ventana terminal, los programas de SU podrán invocarse desde cualquier dirección en la que se esté ubicado.

Ya que este cambio se está incorporando ahora, para que tenga efecto durante nuestro proceso de instalación debemos escribir la siguiente instrucción:

source ~/.bashrc

Ahora estamos listos para comenzar la instalación. Nos vamos a la dirección /usr/local/su44R1/src/configs. Para hacer esto podemos escribir:

cd $CWPROOT/src/configs

En esa ruta podrá encontrar el archivo Makefile.config_Cygwin_32. Cópielo a la ruta /usr/local/su44R1/src/ cambiándole el nombre por Makefile.config. Para ello podemos use la instrucción:

cp Makefile.config_Cygwin_32 /usr/local/su44R1/src/Makefile.config

Desde /usr/local/su44R1/src/, escriba en la línea de comandos:

make install
make xtinstall
make finstall
make mglinstall
make utils
make xminstall
make sfinstall

Es posible que en esta última instrucción se generen errores. El primer error que puede generarse es como el que se muestra en la figura 2.19.

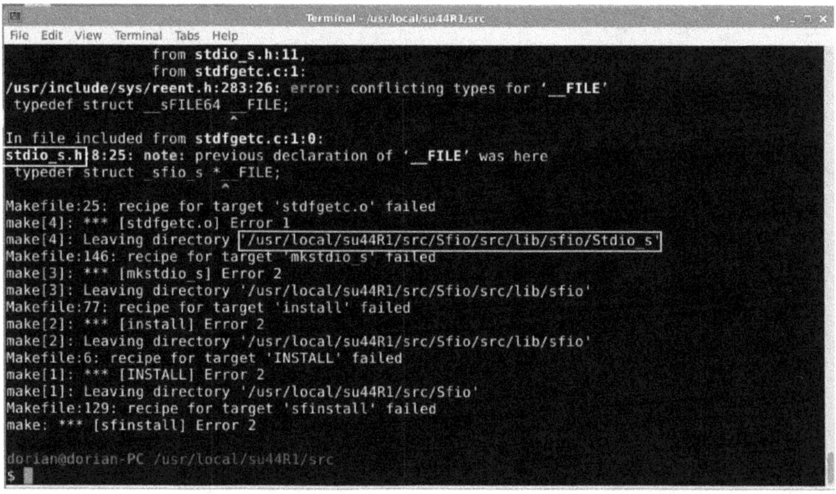

Figura 2.19. Error durante la compilación sfinstall.

Para corregir este error es necesario editar el archivo que en la figura 2.19 aparece resaltado dentro del rectángulo amarillo (stdio_s.h), el cual se encuentra ubicado dentro de la carpeta que está destacada en la misma figura con un rectángulo naranja (/usr/local/su44R1/src/Sfio/src/lib/sfio/Stdio_s). Usamos *nedit* para editar el archivo. Este lucirá como se muestra en la figura 2.20.

En este archivo lo único que hay que hacer es comentar la línea 8. Al hacerlo, la línea quedará así:

/*typedef struct _sfio_s   *_FILE;*/

Debemos volver a /usr/local/su44R1/src/ y desde allí ejecutar de nuevo la instrucción:

make sfinstall

Es posible que se pueda presentar el error que se muestra en la figura 2.21.

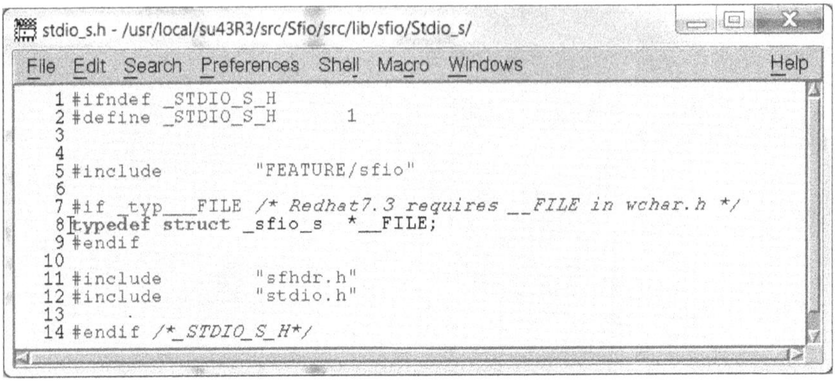

Manual de instalación de Seismic Unix.

Figura 2.20. Edición del archivo stdio_s.h.

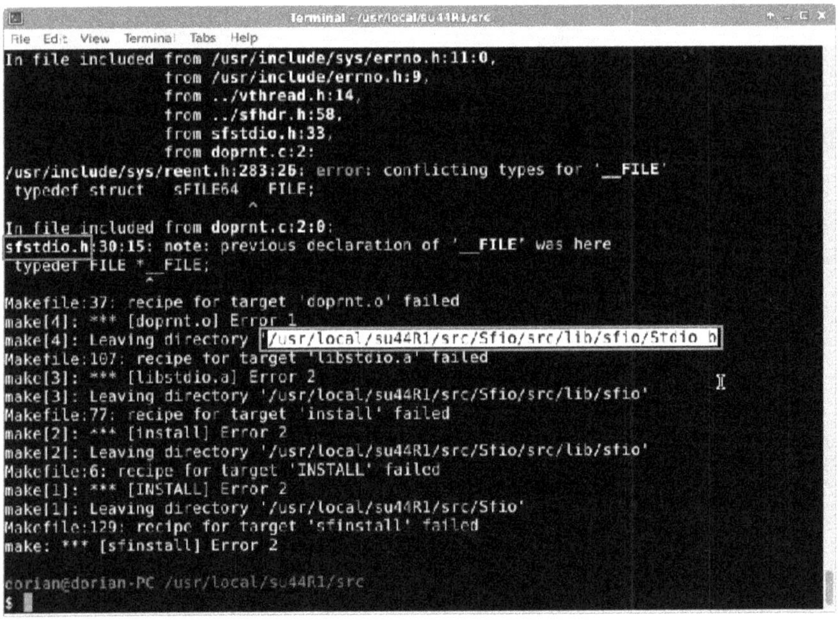

Figura 2.21. Error durante la compilación sfinstall.

Para corregir este error es necesario editar el archivo que en la figura 2.21 aparece resaltado dentro del rectángulo rojo, el cual se encuentra ubicado dentro de la carpeta que está destacada en la misma figura con un rectángulo verde.

Al abrir el archivo, este lucirá como se muestra en la figura 2.22.

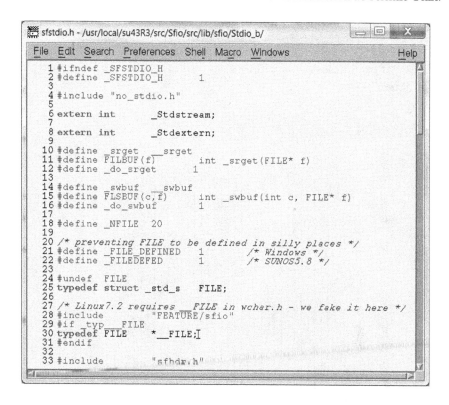

Figura 2.22. Edición del archivo sfstdio.h.

En ese archivo vamos a comentar la línea 30, la cual quedará como se muestra a continuación:

/*typedef FILE * _FILE;*/

Una vez hecho esto, volvemos a /usr/local/su43R3/src/ y desde allí ejecutamos de nuevo la instrucción:

make sfinstall

Después de estas correcciones, esta última parte en nuestra instalación culminó con éxito.

Para verificar que la instalación fue satisfactoria, ejecutar desde la línea de comandos la siguiente instrucción:

Manual de instalación de Seismic Unix.

suplane | suxwigb &

Al ejecutar esa instrucción, aparecerá una ventana como la que se muestra en la figura 2.23.

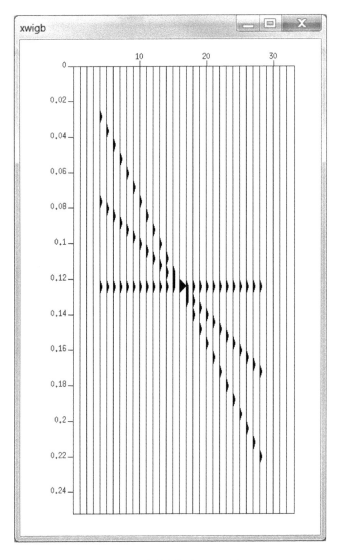

Figura 2.23. Salida de suxwigb

2.1.3 Instalación de Máquina Virtual (VM) en Windows.

Ir al sitio https://www.virtualbox.org/ y descargar la versión más actualizada.

Ejecute el archivo para instalar el administrador de Máquinas Virtuales. El proceso de instalación es bien sencillo. Debe escoger la ruta donde desea que se instale la aplicación y todo lo demás es Next->Next->Next.

Una vez instalado, ejecute el programa. Al hacerlo, aparecerá la ventana que se muestra en la figura 2.24.

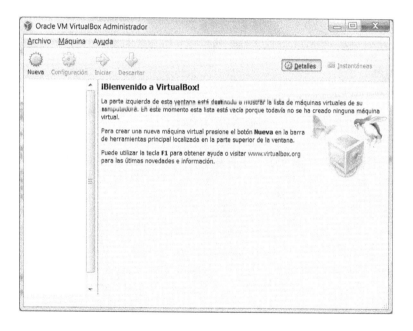

Figura 2.24. Bienvenida a VirtualBox.

Si es la primera vez que se ejecuta este programa en su computadora, entonces es necesario crear una Máquina Virtual (VM, por sus siglas en inglés de ahora en adelante). Esa VM es como si se tratara de otra PC, cuyo sistema operativo se ejecutará dentro de Windows, sin necesidad de salirse de él. Para crear el espacio donde estará la VM, presionar el botón "Nueva". Al hacerlo, aparecerá la ventana que se muestra en la figura 2.25.

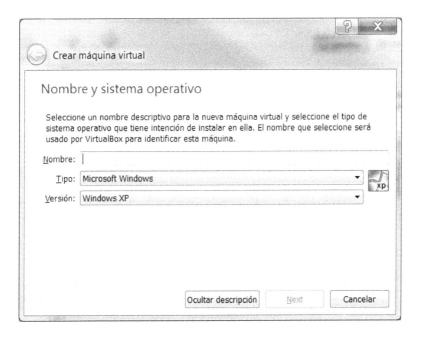

Figura 2.25. Creación de VM.

Coloque el nombre que desea para la VM, escoja el sistema operativo y la versión. Una vez hecho esto, la ventana lucirá como se muestra en la figura 2.26.

Una vez completado el paso anterior, presionamos Next y en la próxima ventana indicaremos cuanto espacio en memoria RAM reservaremos durante la ejecución de la VM. En nuestro caso, hemos seleccionado 2 GB (2048 MB) La figura 2.27 muestra como luce la ventana después de esto.

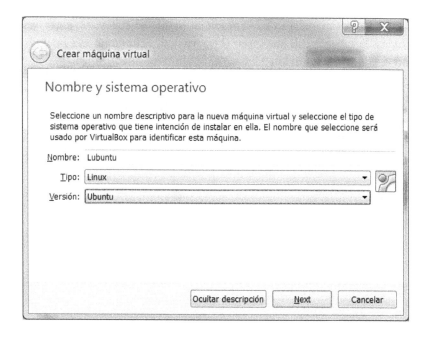

Figura 2.26. Creación de VM, indicando el sistema operativo a instalar en la VM.

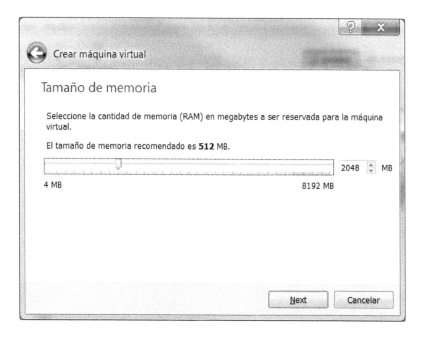

Figura 2.27. Estableciendo tamaño de la memoria para la VM.

Manual de instalación de Seismic Unix.

A continuación aparecerá una ventana en la que se solicitará, entre varias opciones, la creación de un disco duro virtual. Seleccione esa opción, tal como se muestra en la figura 2.28.

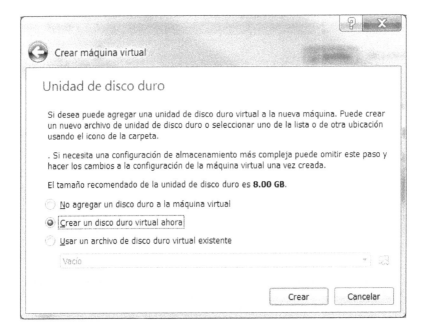

Figura 2.28. Creación de disco duro virtual.

Al presionar el botón Crear, aparecerá la ventana que se muestra en la figura 2.29. Seleccione la primera opción y al pasar al siguiente paso, le aparecerá la ventana que se muestra en la figura 2.30. Seleccione la opción "Tamaño Fijo". En el paso siguiente le aparecerá la ventana que se muestra en la figura 2.31. Puede colocar el tamaño que crea conveniente, tomando en cuenta el espacio disponible físicamente en su disco duro. Debe tener cuidado de que en la casilla donde se indica el espacio en disco siempre estén las letras GB. Al presionar "Crear" se mostrará la ventana que se muestra en la figura 2.32.

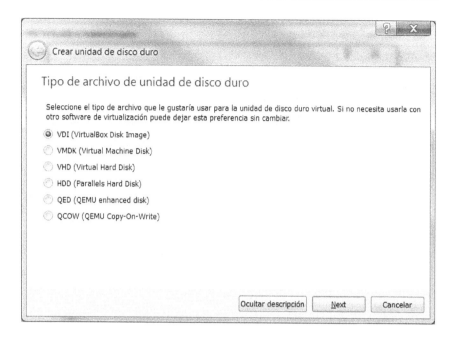

Figura 2.29. Seleccionar tipo de archivo de unidad de disco duro.

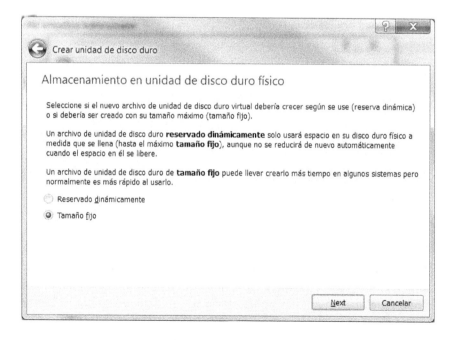

Figura 2.30. Tipo de espacio en disco duro.

Manual de instalación de Seismic Unix.

Figura 2.31. Espacio en disco duro y ubicación del disco duro virtual.

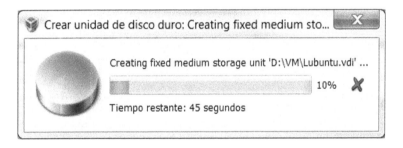

Figura 2.32. Avance en la creación del disco duro virtual.

Una vez creada la unidad virtual, aparecerá una ventana que se muestra en la figura 2.33.

Recuerde que se ha configurado un espacio virtual para la VM. Sin embargo, ese espacio de por sí no sirve para nuestros propósitos hasta que no se instale en él un sistema operativo, que para nuestros efectos será alguna versión de Linux.

En vista de que se trabaja en una VM, sugerimos instalar la versión de Linux Lubuntu. Es una versión basada en Ubuntu, pero más ligera, diseñada para equipos con pocos recursos de hardware.

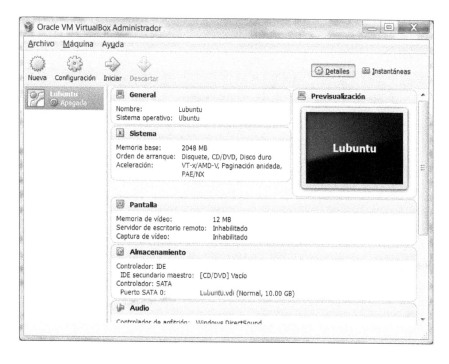

Figura 2.33. Administrador de VM mostrando la ya creada.

Para proceder a la instalación de Linux, hacemos click en el botón "Iniciar". Aparecerá una ventana como la que se muestra en la figura 2.34. La versión para Linux que escogimos fue Lubuntu 16.04, la más reciente para cuando se escribió este manual.

Manual de instalación de Seismic Unix.

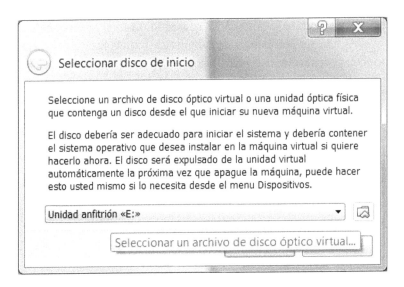

Figura 2.34. Ventana para selección de disco de inicio.

El archivo que se solicita en la ventana de la figura 2.34 es un archivo con extensión .ISO, que funciona tanto para arrancar Linux sin instalarlo, como para instalarlo. En este caso, vamos a escoger instalarlo dentro del espacio creado en la VM. La versión de Linux a instalar debe ser 32 bits.

Al escoger instalar Linux, aparecerá una ventana como la que se muestra en la figura 2.35. Para más información sobre la instalación de Lubuntu, puede consultar en el sitio web http://lubuntu.net/

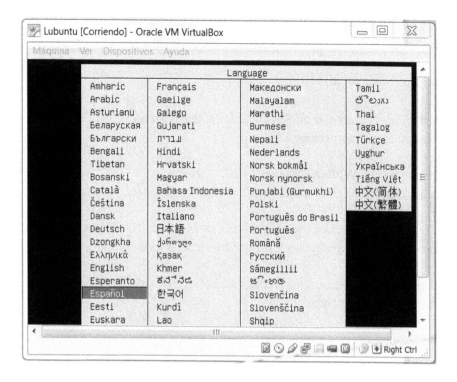

Figura 2.35. Ventana de inicio de instalación de Lubuntu.

2.2 Instalación de SU en Linux.

La instalación de SU la haremos en Lubuntu, versión 16.04. Sin embargo, creemos que es posible instalarlo en la versión más actualizada de la que se disponga, incluyendo otras variantes de Ubuntu. Procedamos entonces a instalar SU. Las instrucciones que se describen a continuación fueron obtenidas de:
http://www.seismicunix.com/w/Seismic_Unix_install_on_Ubuntu.

Abra una ventana terminal. Es importante que su computadora esté conectada a internet. Desde el home del usuario, escribir las siguientes instrucciones:

mkdir -p ~/cwp/44R1
cd ~/cwp/44R1
wget ftp://ftp.cwp.mines.edu/pub/cwpcodes/cwp_su_all_44R1.tgz

Manual de instalación de Seismic Unix.

Con esta instrucción se descarga un archivo comprimido que contiene todas las herramientas de SU y que posteriormente compilaremos.

tar -zxvf cwp_su_all_44R1.tgz

Vamos ahora a agregar nuevas variables al *shell environment*. Para ello, escriba las siguientes instrucciones:

echo "export CWPROOT=~/cwp/44R1" >> ~/.bashrc
echo "export PATH=$PATH:~/cwp/44R1/bin" >> ~/.bashrc

Con estas instrucciones se crea el home de la aplicación SU y se agrega a la variable $PATH la ruta donde estarán los ejecutables de la aplicación.

Para que estas instrucciones tengan efecto en esta sesión, debe escribirse la siguiente instrucción:

source ~/.bashrc

Esto sólo debe hacerse por esta vez. La próxima vez que se inicie Linux, estas variables se ejecutarán automáticamente desde el archivo .bashrc.

Vaya a la carpeta donde están los archivos que deben ser compilados:

cd $CWPROOT/src.

Editar (nosotros usamos *gedit* para edición) el archivo Makefile.config y comentar la línea:

#LARGE_FILE_FLAG = -D_FILE_OFFSET_BITS=64 -D_LARGEFILE64_SOURCE

Guardar los cambios. Es necesario verificar que estén instaladas las aplicaciones make y gcc. Para ello, escribir las siguientes instrucciones:

which make
which gcc

La evidencia de que ambas aplicaciones están disponibles, es que el resultado de la ejecución del comando which será la ruta (*path*) donde la aplicación está instalada.

En nuestro caso, los resultados fueron los siguientes (según el orden en que fueron indicadas previamente)

/usr/bin/make
/usr/bin/gcc

En caso de que estas aplicaciones no estén disponibles, ejecutar las siguientes instrucciones:

sudo apt-get update
sudo apt-get install make
sudo apt-get install gcc

Ahora si estamos listos para comenzar la instalación. Escribir la siguiente instrucción:

make install

Una vez completado el paso anterior, verificar que está instalada el set de librerías libx11-dev. Para ello, escribir en la línea de comandos de su ventana terminal:

apt-cache policy libx11-dev

En caso de que la librería esté instalada, debe verse un resultado similar al que se muestra en la figura 2.33. Si la librería no está instalada, después del mensaje "Instalados:" aparecerá la palabra "ninguno" entre paréntesis, tal como se muestra en la figura 2.34.

Para instalar la aplicación, escribir en la línea de comandos la siguiente instrucción

sudo apt-get install libx11-dev

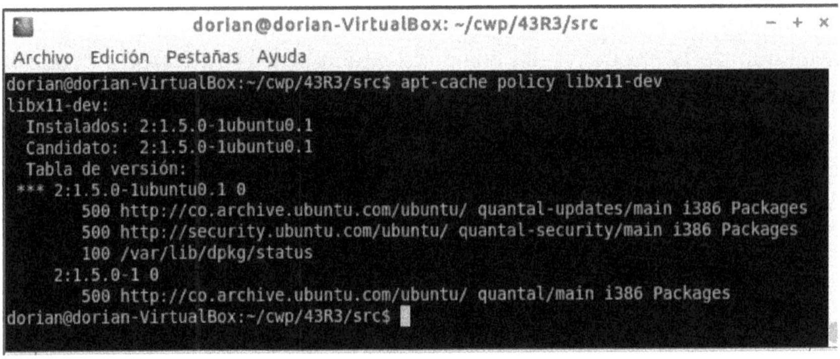

Manual de instalación de Seismic Unix.

Figura 2.33. Comprobación de instalación de la librería libx11-dev.

Ahora es necesario verificar si la librería libxt-dev está instalada. La instrucción es similar a la que usamos para verificar la instalación de libx11-dev:

apt-cache policy libxt-dev

En caso de que la aplicación no esté instalada, se verá un mensaje como el que se muestra en la figura 2.34.

Para instalar la aplicación, usamos la instrucción:

sudo apt-get install libxt-dev

Una vez completados estos pasos, procedemos a la segunda parte de la instalación:

make xtinstall

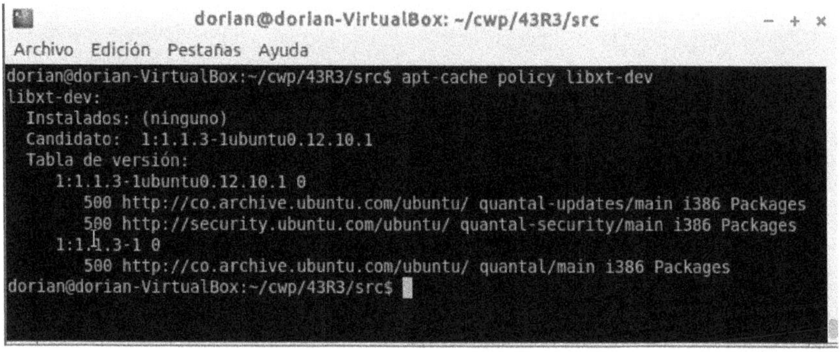

Figura 2.34. Comprobación de instalación de la librería libxt-dev.

Para el siguiente paso, necesitamos verificar que tengamos instalado un compilador Fortran. Para esto, escribimos en la línea de comandos:

apt-cache policy gfortran

En caso de que no esté disponible, procedemos a su instalación usando la siguiente instrucción:

sudo apt-get install gfortran

Completado este paso, procedemos a la instalación de los códigos Fortran mediante la siguiente instrucción:

make finstall

Para el siguiente paso, debemos verificar que estén instaladas las siguientes librerías: freeglut3-dev, libxmu-dev y libxi-dev. En caso de no estar instaladas, proceder de forma equivalente a la explicada en los pasos anteriores. Una vez culminada la instalación de las librerías, escribir en la línea de comandos:

make mglinstall

Chequear la disponibilidad de la librería libc6 e instalar en caso de no estar disponible. Una vez completado ese paso, proceder con la siguiente instrucción:

Manual de instalación de Seismic Unix.

make utils

Verificar la disponibilidad de las librerías: libmotif4, libxt6, x11proto-print-dev y libmotif-dev. Proceder a instalar las que no estén disponibles. Una vez culminado este paso, ejecutar la siguiente instrucción:

make xminstall

Para verificar que la instalación fue satisfactoria, repetir lo indicado en el punto 2.2.1.2.8.

2.3 Instalación de SU en Mac OS X.

La instalación que se explica aquí fue hecha en una Mac con la versión Mavericks del sistema operativo.

Es necesario que instale el siguiente software, antes de proceder con la instalación de SU (todo el software es gratis):

Xcode: disponible en la AppStore de Apple.

XQuartz: disponible en **http://xquartz.macosforge.org/landing/**

MacPorts: disponible en http://www.macports.org/install.php

OpenMotif: la forma más fácil de instalarlo es hacerlo via macports. Por esta razón se sugiere instalarlo. Esto se hace a través de una terminal.

En nuestra instalación, el instalador de macports no modificó la variable $PATH indicando donde quedó el archivo que permite ejecutarlo. El programa que necesitamos para continuar en esta etapa, en nuestra instalación, quedó ubicado en: /opt/local/bin. Si quiere que el cambio sea permanente, edite el archivo .bashrc que se encuentra en el home del usuario y agregue la ruta antes mencionada. Otras rutas donde pudo haber quedado son:

/opt/local/sbin, /bin, /sbin, /usr/bin, usr/sbin.

Recuerde que si modificó el archivo .bashrc y quiere que los cambios se apliquen de una vez, debe ejecutar el comando:

source ~/.bashrc

En caso de que no quiera modificar el archivo .bashrc, vaya a /opt/local/bin o a cualquiera donde verifique que se encuentra el comando "port". Una vez allí escriba la instrucción:

sudo port install openmotif

Una vez que se ha completado todo lo indicado anteriormente, ya se tiene preparado el sistema para la instalación de SU. Esta instalación está basada en lo indicado en http://www.seismicunix.com/w/Seismic_Unix_install_on_Mac_OS_X. Los pasos a seguir son los siguientes (desde una terminal):

Nuestra instalación la hicimos desde el home del usuario. Una vez allí, descargar el instalador. Para ello escribir las siguientes instrucciones (recuerde que debe estar conectado a internet):

curl   ftp://ftp.cwp.mines.edu/pub/cwpcodes/cwp_su_all_43R3.tgz   -o ~/Downloads/cwp_su_all_43R3.tgz

mkdir ~/cwp/43R3

gunzip ~/Downloads/cwp_su_all_43R3.tgz

tar -xvf ~/Downloads/cwp_su_all_43R3.tar -C ~/cwp/43R3/

Agregar nuevas variables al archivo de configuración. Para ello, escribir las siguientes instrucciones:

echo "export CWPROOT=~/cwp/43R3/" >> ~/.bashrc

echo "export PATH=$PATH:~/cwp/43R3/bin" >> ~/.bashrc

source ~/.bashrc

Manual de instalación de Seismic Unix.

Edite el archivo Makefile.config que se encuentra en ~/cwp/43R3/src (para llegar a este directorio, puede escribir, en la línea de comandos: cd $CWPROOT/src)

Elimine toda la información que está dentro de ese archivo y reemplácela por:

```
# Another possibility for Mac OS X - Lion

include $(CWPROOT)/src/Rules/gnumake.rules
include $(CWPROOT)/src/Rules/abbrev.rules
include $(CWPROOT)/src/Rules/cflags.rules
include $(CWPROOT)/src/Rules/suffix.rules
include $(CWPROOT)/src/Rules/misc.rules
include $(CWPROOT)/src/Rules/opengl.rules


LINEHDRFLAG =
XDRFLAG = -DSUXDR
ENDIANFLAG = -DCWP_LITTLE_ENDIAN
#LARGE_FILE_FLAG        =         -D_FILE_OFFSET_BITS=64         -
D_LARGEFILE64_SOURCE -DGNU_SOURCE
LARGE_FILE_FLAG =

CWP_FLAGS = $(LARGE_FILE_FLAG) $(ENDIANFLAG) $(XDRFLAG)
$(LINEHDRFLAG)

SHELL = /bin/sh
ROOT = $(CWPROOT)
LN = ln # this needs to be changed to cp for FAT32 filesystems
AR = ar
ARFLAGS = rv
RANLIB = ranlib
RANFLAGS =
ICHMODLINE = chmod 644 $@
MCHMODLINE = chmod 755 $@
#-----------------------------------------------------------------
# use both X11 path conventions
```

```
#-----------------------------------------------------------------

IX11 = /usr/X11/include
LX11 = /usr/X11/lib
IMOTIF = /usr/X11R6/include
LMOTIF = /usr/X11R6/lib

LD_LIBRARY_PATH += $(CWPROOT)/lib:${LX11}:${LMOTIF}

#-----------------------------------------------------------------
# Gnu compilers by default just because they are the most common
#-----------------------------------------------------------------

CPP = cpp

CC = /usr/bin/gcc
OPTC = -g -c90 -m64 -Wall -ansi -Wno-

FC = gfortran
FOPTS = -g
FFLAGS = $(FOPTS) -ffixed-line-length-none

C++FLAGS = -I$I $(OPTC) $(CWP_FLAGS) long-long
CFLAGS = -I$I $(OPTC) $(CWP_FLAGS)

# fortran, if gfortran is installed

FC = gfortran
FOPTS = -g
FFLAGS = $(FOPTS) -ffixed-line-length-none

C++FLAGS = -I$I $(OPTC) $(CWP_FLAGS)
```

Para que no tenga que escribir esta información, puede copiarla de http://www.seismicunix.com/w/Seismic_Unix_install_on_Mac_OS_X.

Guarde los cambios y ahora:

make install

Manual de instalación de Seismic Unix.

make xtinstall

make utils

Para el siguiente paso, se necesitan unas librerías que están disponibles en:

/usr/OpenMotif/include
/opt/local/include/Xm

Para indicarle al compilador donde encontrarlas, escribir en la línea de comandos la siguiente instrucción:

export C_INCLUDE_PATH=$C_INCLUDE_PATH: /usr/OpenMotif/include: /opt/local/include/Xm

Una vez hecho esto, crear el directorio fftlab en la ruta ~/cwp/43R3/bin. Para llegar allí escriba en la línea de comandos:

cd $CWPROOT/bin

y allí

mkdir fftlab

Volver a ~/cwp/43R3/src y allí escribir:

xminstall

Para verificar que la instalación fue satisfactoria, escribir en la ventana de comandos la siguiente instrucción:

suplane | suxwigb &

Al ejecutar esta instrucción, aparecerá una ventana como la que se muestra en la figura 2.23.